INAUGURATION

DU

Buste du Cte de Serre

A PAGNY-SUR-MOSELLE

Le Dimanche 24 octobre 1886

—

Discours de M. SALMON

ANCIEN SÉNATEUR

CONSEILLER HONORAIRE A LA COUR DE CASSATION

ANCIEN AVOCAT GÉNÉRAL A METZ

NANCY

IMPRIMERIE BERGER-LEVRAULT ET Cie

11, RUE JEAN-LAMOUR, 11

—

1887

DISCOURS

DE

M. SALMON

ANCIEN SÉNATEUR, CONSEILLER HONORAIRE A LA COUR DE CASSATION,
ANCIEN AVOCAT GÉNÉRAL A METZ.

MESSIEURS,

La génération de magistrats et d'avocats qui a été témoin des luttes et des succès de M. de Serre à la barre ou au parquet de la Cour de Metz a disparu de ce monde : les représentants de celles qui ont reçu ses impressions et ont entendu ses récits, sont rares maintenant. Vous permettrez donc à un de leurs survivants de vous rendre quelque chose de ce qu'il en a appris dans sa jeunesse. C'est le siècle à sa fin qui apporte à celui qui va commencer la tradition pour la garder et la perpétuer. Il espère, il compte même que plus sa voix sera faible, plus vous mettrez d'indulgente attention à l'écouter.

L'initiative des honneurs que nous rendons aujourd'hui à la mémoire du comte de Serre devait venir du barreau des Cours réunies de Metz et de Nancy ; elle devait être prise par un orateur et un homme de lettres qui s'était acquis de bonne heure, par la parole et par la plume, une notoriété si légitime dans les deux barreaux voisins. Le panégyriste de Portalis avait, d'ailleurs, bien des titres pour devenir celui du comte de Serre. Le pays lui saura donc gré de l'œuvre qu'il a provoquée, et chacun peut être ici l'organe de tous pour le remercier de l'avoir si heureusement conduite à sa fin.

Il y a soixante-deux ans que le comte de Serre s'est éteint, loin de sa patrie, sur la terre étrangère, au milieu d'un silence dont il faut plaindre ses contemporains. Si, comme il le disait lui-même à la tribune de la Chambre des députés, dans ce langage sobre et hardi qu'il avait l'habitude de parler, « la Révolution renfermait « plusieurs siècles en elle, et si le sage roi Louis XVIII, en don- « nant la Charte à la France, en avait reculé dans le temps tous les « événements », nous devons nous sentir à l'aise ici aujourd'hui, et ayant derrière nous plus que l'espace de temps que l'historien romain réclame pour écrire librement l'histoire, nous pouvons nous permettre d'en rappeler une page devant vous.

A le bien prendre, M. de Serre est pour nous un ancien et un classique; il l'est par l'élévation du caractère, l'austère vertu et la fermeté pure du talent. Nous n'en saurions douter, M. le Directeur de l'Académie française vient de lui en décerner le titre avec éclat. Heureux de saluer en M. Mézières un compatriote, nous applaudissons de tout cœur à un jugement qu'il a prononcé de si haut. Il ouvre ainsi le sanctuaire des lettres à ces vigoureuses improvisations que le génie de l'orateur a marquées du sceau d'une originalité si puissante, en même temps que le citoyen dévoué et le ministre fidèle communiquaient un accent si sincère et si fier aux inspirations généreuses du patriotisme et de la liberté.

Quand les maitres de la jeunesse voudront lui offrir des modèles pour bien faire et pour bien dire, après avoir parcouru la Grèce, Rome, l'Angleterre et même les deux mondes pour les trouver, sur la foi d'une aussi grave autorité, ils pourront revenir en chercher plus près de nous, dans la vie et dans les œuvres de notre illustre compatriote ; je leur promets pleine moisson.

Pierre-François-Hercule de Serre est né dans cette maison, au sein d'une famille vouée depuis plusieurs siècles, soit à la magistrature, soit à l'administration. Son père, changeant cette vocation héréditaire, avait préféré l'épée à la robe et était devenu officier de cavalerie. Il fit de cette carrière nouvelle la destinée de son fils aîné Hercule, et le plaça, à Metz, dans un pensionnat en renom de la ville pour y faire ses classes et se préparer ainsi à l'école militaire de Pont-à-Mousson : les progrès de l'enfant furent si rapides qu'à quatorze ans il avait terminé ses études. Il les avait embrassées toutes avec une égale ardeur, les sciences comme les lettres, les mathématiques comme l'histoire et la philosophie ; mais les lettres avaient, avant tout, sa prédilection ; il leur avait donné des heures de travail pendant le cours de l'année scolaire ; il leur réservait encore ses loisirs pendant les vacances. Il apportait avec lui ses livres à Pagny ; le site charmant de Tusculum y était le but de ses promenades. Il n'y rêvait pas de Paul-Émile ou de Scipion, ni de licteurs et de faisceaux, mais des *Catilinaires* et des *Offices,* et prenait plaisir à y réciter, à haute voix, les discours de Cicéron.

Malgré ces indices précoces de la vocation, l'école royale militaire s'était ouverte pour l'adolescent en 1789 ; et à peine y avait-il conquis, au concours de 1790, le grade d'aspirant au corps royal de l'artillerie, que la Révolution éclatait. Son père décida qu'il émigrerait ; le jeune homme obéit et prit, le cœur gros, le chemin de la frontière.

Cet exil, volontaire d'abord et ensuite obligé, dura dix ans ; enfin les portes de la patrie se rouvrirent pour l'émigré, il y rentra et il y eut sa place au soleil. Libre et en possession de lui-même,

pour s'en faire une par son travail, il n'avait qu'à écouter cette
voix intérieure de la vocation qui s'était fait entendre à lui de si
bonne heure. Il y répondit sans hésiter, car, même en exil, il n'y
était jamais resté sourd. Il lui obéissait par cette étude solitaire à
laquelle il s'était livré dans les camps et sur les grandes routes,
parcourant l'Allemagne, néanmoins, dans ses livres plutôt que
dans ses universités. A ses années les plus dures, il n'avait pas
passé une journée sans lire, en se levant, quelques pages des
auteurs latins. Nos classiques français, qu'il se procurait comme
il pouvait, lui étaient familiers ; il avait fait, dès sa première jeunesse, connaissance avec Montesquieu, et, pour toute la vie,
l'*Esprit des lois* était devenu son bréviaire. Il avait, à sa lumière,
lu et médité l'histoire, et elle lui avait appris la politique. Il avait
hanté les écrivains de Port-Royal et s'était, dans tous les temps,
nourri de Bossuet et de l'Écriture sainte. C'était un esprit si puissant
et si fécond, qu'il trouvait en lui-même, par la réflexion, ce qu'il
n'aurait pas rencontré dans les livres pour achever son éducation.

L'étude de la langue allemande était devenue, pour lui, une
nécessité pendant le cours de l'émigration ; il l'avait mise à profit
pour s'initier à sa littérature, et suivre le mouvement de rénova-
tion philosophique et historique qui entrainait, au delà du Rhin,
les générations vivantes, par l'élan que leur communiquaient les
universités. Son esprit, sans en accepter la domination, s'était
nourri de quelques-uns des fruits de leur enseignement, et, sans
y perdre sa clarté, s'était plié à ses formules ; quelquefois même,
plus tard, il les a apportées à la tribune.

Pour lui, encore à moitié proscrit et resté légalement suspect,
le théâtre de l'éloquence, c'était le prétoire des tribunaux ; c'était
là qu'il trouverait le libre et utile emploi de ses facultés dans
l'exercice d'une profession honorable, et qu'il pourrait venir en
aide à sa famille éprouvée par la Révolution. Il alla donc s'établir

à Metz avec elle, et se mit à étudier le droit dans les livres et à l'école centrale du département; il le fit avec l'ardeur qu'il apportait à tout; de grand matin, sa lampe était allumée et donnait le signal du travail aux ouvriers du quartier. Attaché au cabinet d'un juge au tribunal d'appel, M. Colchen, il se forma rapidement à la pratique sous sa direction ; mais pour des hommes pareils il n'y a ni apprentissage ni noviciat. Il débuta modestement, et bientôt le public lui assigna au barreau la place d'un maitre.

La carrière lui était donc ouverte ; il y était entré résolument, il la parcourut avec éclat ; la clientèle lui vint de tous les côtés et le conduisit partout. Aux dons de l'esprit il joignait les agréments de la personne, et, dans le commerce habituel de la vie, il plaisait sans le rechercher, et gagnait les cœurs en y mettant le sien. Il plaidait à Trèves et y enlevait tous les suffrages. Il plaide à Paris ; le bruit en parvient aux oreilles du grand-juge ; le ministre de la justice, qui est presque son compatriote, veut le voir; en une audience le jeune avocat en fait la conquête. Quelques mois après, il devient premier avocat général à la Cour de Metz, et quatre mois plus tard, premier président de la Cour de Hambourg.

Le choix du personnel des magistrats du corps puissant qui allait rendre la justice dans ces contrées lointaines, que l'Empereur venait de réunir à la France, devint l'objet de toutes les préoccupations de M. de Serre. Son titre et l'autorité qui vient du caractère devaient lui faire prendre une grande part dans l'accomplissement d'une œuvre aussi difficile. Tous les sièges à peu près furent réservés à des nationaux : grâce au tact, au discernement du premier président, les choix obtinrent l'assentiment du public et répondirent aux vues du gouvernement français.

L'installation de sa compagnie fut, pour lui, l'occasion d'un succès ; le discours qu'il y prononça en langue allemande et en l'improvisant, lui valut la confiance de ses collègues, et donna des espérances à ces peuples chez lesquels la France venait établir sa domination. On se mit au travail et, sous la vive impulsion que ce chef, nouveau venu dans le pays, communiquait à tous les services, la Cour et les tribunaux de son ressort distribuèrent aux populations, sans les faire trop attendre, une justice dont elles parurent satisfaites.

M. de Serre ne resta que trois ans à Hambourg ; le siège qu'il y occupait fut emporté par nos désastres avec la grande institution que nos conquêtes y avaient créée ; mais son intégrité et sa droiture y restèrent en honneur. Grâce à leurs éminentes qualités, l'homme et le magistrat y laissèrent une réputation qui dure encore et dont l'histoire a recueilli les témoignages.

La Restauration venait de succéder à l'Empire. Louis XVIII ne devait pas repousser l'émigré qui avait souffert dix ans d'exil pour sa cause, et n'avait fait ensuite que se mettre au service de la France ; sans s'en douter, en appelant M. de Serre à la première présidence de la Cour de Colmar, après avoir donné la Charte à la France, il avait, d'avance, assuré à la constitution dont il venait de doter ses peuples, l'appui de l'un des hommes les plus capables de la comprendre et les plus propres à la défendre et à la mettre sincèrement en pratique. Il l'avait désigné pour présider le collège électoral du Haut-Rhin, et ce collège l'élut député, le 23 août 1815.

M. de Serre n'eut pas plutôt mis le pied dans la Chambre des députés qu'il s'y fit une position considérable. Sa carrière politique ne dura que six années, mais qu'elle fut glorieusement remplie ! Elle s'ouvrit au moment où la liberté, qui avait éclairé les jours mémorables de 89, faisait enfin, après la longue éclipse de l'Empire, son apparition en France, avec la monarchie constitutionnelle. Au sein de cette Chambre où siégeaient en majorité des députés qu'animaient, au plus haut degré, l'esprit de parti et l'ardeur des représailles envers ceux qu'ils appelaient les fauteurs et les complices du retour de l'Empereur, M. de Serre rencontra un certain nombre d'hommes, presque tous vétérans de nos anciennes assemblées politiques, que recommandaient également de hautes et rares qualités, l'intelligence des temps et de leurs besoins, la notoriété qui les avait désignés au choix des électeurs et la confiance non dissimulée du souverain. C'étaient M. Royer-Collard, M. le baron Pasquier, M. Camille Jordan, M. le baron de Barante, M. Decazes et M. Beugnot. On serait tenté d'ajouter M. le duc Victor de Broglie et M. Guizot, qui, de la Chambre des Pairs, dont le premier faisait partie, et du Conseil d'État, où le second allait entrer, se préparaient à seconder leur action par leurs conseils. Il s'entendit bientôt et se lia étroitement avec eux. Déterminés à combattre les passions, à s'opposer aux violences et à lutter pour faire prévaloir la raison et le droit, s'ils ne constituèrent pas un parti, ils formèrent une réunion, et elle devint l'âme de la portion sage de l'Assemblée, soit qu'il fallût agir, soit qu'il fallût résister. M. Royer-Collard, M. Pasquier et M. de Serre étaient leurs chefs.

A leurs yeux, le roi, en remontant une dernière fois par la Charte au principe de la monarchie traditionnelle, l'avait transformée pour l'accommoder aux besoins de la société nouvelle ; il restait l'expression de la souveraineté, mais, désormais, le pacte fondamental la faisait définitivement résider dans les trois pouvoirs chargés de faire la loi. Le roi avait pris pour son compte tout ce qu'il y avait de sage dans les constitutions antérieures. Pour eux toutes les libertés et toutes les garanties étaient dans la Charte. C'est ce qui faisait dire à M. Royer-Collard qu'il ne voulait de la contre-révolution que le roi, et de la révolution que la Charte. M. de Serre ne désavouait pas ce langage. Le général Foy rendait plus tard la même idée, lorsque, employant une

*

forme plus hardie, il disait : « Celui qui veut plus que la Charte,
« moins que la Charte, autre chose que la Charte, celui-là manque
« à ses serments ! »

L'accord allait plus loin encore entre M. Royer-Collard et
M. de Serre. Ils reconnaissaient tous deux que la société sortie
de la Révolution était une démocratie et que c'était par elle-
même qu'il fallait la gouverner. C'était dans les classes moyennes
que M. Royer-Collard plaçait les forces vives du gouvernement
qu'on pouvait lui appliquer, parce que c'était dans ces classes
qu'il plaçait l'électorat. M. de Serre allait le puiser à la même
source ; mais, dans sa pensée, il fallait l'organiser de façon à
donner à tous les intérêts, à la propriété, au commerce, à l'in-
dustrie et aux campagnes, comme aux villes, une représentation
propre pour leur garantir une réelle protection. Il espérait même
que de l'exercice répété du droit ou de la fonction, naitrait un
esprit public et qu'il créerait à la France des mœurs politiques.
C'était sur ce bienfait du temps qu'il comptait pour assurer la
durée de la monarchie.

Une fois entré dans la vie politique, M. de Serre ne s'y ménagea
pas et donna, du premier jour, avec l'ardeur, la résolution et en
même temps la mesure qui étaient dans son caractère et dans
son tempérament. Cet émigré qui avait passé dix ans en exil, n'en
avait point rapporté de rancunes, mais l'horreur du despotisme
et du désordre, et le sincère amour de la justice et de la liberté.
Il entendait bien suivre leurs inspirations, en servant avec un égal
dévouement le roi, la monarchie et sa patrie.

Il prit donc, surtout à la tribune, une part fort active aux tra-
vaux de la Chambre.

Il parla sur la loi d'amnistie pour combattre le système des ca-
tégories, comme contraire au texte de la Charte qui avait amnistié
toutes les opinions en en prescrivant l'oubli ; et le rétablissement

déguisé, sous le masque hypocrite de l'indemnité, de la confiscation formellement abolie par la constitution. C'est dans cette discussion que se révélèrent la mâle vigueur et la hauteur morale de son éloquence.

Permettez-moi de lui donner une seule fois la parole pour vous le faire connaitre par lui-même.

« Messieurs, disait-il à la Chambre, que notre trésor soit pau-
« vre, mais qu'il soit pur. C'est en entretenant au sein de la nation
« les sentiments nobles et généreux que vous l'enrichirez d'une
« manière digne de vous : méprisez de misérables dépouilles ;
« conservez à nos lois fondamentales le caractère de noblesse et
« de pureté dont elles sont revêtues. »

Le rejet, prononcé pour toujours de la confiscation, fut la récompense de l'orateur.

M. de Serre ne mit pas moins de chaleur et d'énergie à défendre les droits des créanciers de l'arriéré, qu'un amendement au budget proposait de payer en fonds de cinq pour cent au pair, alors qu'il n'était coté qu'à soixante francs à la Bourse. Indigné d'un manque de foi pareil, il rappelle l'exemple des nations voisines qui se sont honorées et ont assuré leur crédit en acquittant religieusement les dettes qu'elles avaient loyalement contractées. L'amendement fut rejeté, et le crédit de la France reposa désormais sur la base solide du respect de ses engagements.

Mais la scène allait changer pour tous et plus particulièrement pour M. de Serre. L'ordonnance du 5 février 1817 avait dissous la Chambre, et dans celle qui lui succédait M. Royer-Collard et M. de Serre étaient les chefs d'une majorité bien assise. Le rôle que celui-ci avait joué dans l'ancienne lui en préparait un plus considérable dans la nouvelle. L'un des plus jeunes membres de la Chambre des députés, il s'y était fait remarquer entre tous par l'élévation de son esprit, la sagesse de ses vues, la droiture et la fermeté de son caractère, la vigueur et l'éclat de son talent. Aussi la Chambre plaça le secrétaire d'âge en tête de sa liste de candidature à la présidence ; le roi donna, pour des raisons de convenance et de tactique parlementaire, la préférence à M. Pasquier ; mais quelques mois plus tard, celui-ci étant devenu ministre, la Chambre rendit à son ancien candidat sa place sur sa liste, et le roi le désigna enfin pour la présidence.

Pendant deux sessions, il remplit l'idée que les plus difficiles pouvaient se faire de cette haute mission. On loua surtout « l'aplomb et l'impartialité avec lesquels il l'accomplissait [1] ».

Lorsque le ministère présidé par le duc de Richelieu se retira, la position que M. de Serre occupait dans la Chambre l'appela, par la force même des choses, à faire partie de celui qui le remplaça sous la présidence du marquis Dessolle. Ce ministère se composait de six membres seulement, mais tous offrant, chacun dans sa spécialité propre, la garantie d'une haute capacité : un coin du département de la Meurthe en fournit trois : le maréchal Gouvion-Saint-Cyr, le baron Louis et M. de Serre ; soyons fiers de leur gloire et reconnaissants des services qu'ils ont rendus au pays.

M. de Serre était vraiment l'orateur de ce ministère ; rien des matières d'État ne lui était étranger ; il en avait pratiqué beaucoup et les avait toutes étudiées ; on ne sait lesquelles il n'a pas traitées à la tribune. Il y a parlé sur les finances en économiste savant et pratique, sur la Légion d'honneur et sur l'armée en homme du métier, et sur les affaires du clergé comme le faisaient autrefois les parlementaires. Ses discours sur les projets financiers du baron Louis, sur le paiement de l'arriéré, sur l'année financière et sur la proposition de M. le marquis de Barthélemy peuvent être comptés parmi les plus beaux qu'il ait prononcés, et

---

1. M. Étienne, *Lettres sur Paris.*

parmi les plus savants et les plus solides qui aient été portés à la tribune sur les sujets dont ils ont traité. Il y est, comme dans toutes les questions qui touchent à la politique active, à la fois loyal et habile, royaliste et patriote. Suivant les besoins du moment, il invoque tantôt l'autorité du roi, tantôt celle de la Charte, pour peser sur la droite ou sur la gauche, et ramener les volontés rebelles ou dissidentes au Gouvernement.

L'opinion appelait de ses vœux une organisation libérale de la presse ; des premiers M. Royer-Collard lui-même l'avait réclamée ; pour donner satisfaction à ce besoin, M. de Serre déposa sur le bureau de la Chambre des députés une série de trois projets de loi sur la matière. Préparés par une commission dont M. le duc Victor de Broglie fut le président et le rapporteur, et M. de Rémusat le secrétaire, ces projets de loi étaient, sinon l'œuvre, au moins la pensée de M. de Serre. Ils devinrent dans les deux Chambres l'objet des discussions les plus profondes et les plus belles qu'on ait jamais entendues sur ce grave sujet dans aucun parlement. M. de Serre y prit une part singulièrement active, et il en sortit la législation la mieux entendue, la plus savamment dirigée et la plus parfaite, malgré quelques lacunes, qui ait été édictée sur la presse dans les pays qui en ont consacré la liberté.

M. de Serre traita la question des outrages à la morale publique avec une méthode et une ampleur que ne désavoueraient ni le philosophe le plus sévère, ni l'écrivain le plus consommé ; sa parole s'échauffe au point qu'il se met, pour ainsi dire, lui-même directement en scène ; quand vers la fin, il veut porter le dernier coup pour enlever l'Assemblée, il lui vient un de ces mouvements qu'ont rencontrés seuls les grands maitres, et, se tournant vers son adversaire [1], pour définir la morale publique par ses effets, en

---

1. M. Lainé.

la mettant en action, il rappelle, par une vive et soudaine allusion,
le rapport du courageux député au Corps législatif et la sensation
qu'il a produite dans la nation. Je m'imagine que, lorsque pour
juger, on cherche ici des comparaisons, on reconnaît qu'au Forum,
dans ses jours les meilleurs, Cicéron n'aurait pas trouvé une
forme plus heureuse, un plus ferme langage pour mettre dans un
relief saisissant un ensemble aussi complet d'idées justes et de
nobles sentiments.

Le discours de M. de Serre sur l'arriéré avait fait penser à Dé-
mosthène; et quand, dans un autre, il disait « qu'une société bien
« ordonnée est le plus beau monument qu'on puisse élever à l'É-
« ternel », on croyait entendre Bossuet.

Avec la publication de la loi allait disparaitre la censure. Le
ministère, entré résolument dans la Charte par la publication des
lois sur la presse, marchait hardiment vers le complet établisse-
ment du gouvernement représentatif; mais le renouvellement
annuel d'un cinquième de la Chambre des députés commençait
à lui causer des appréhensions : à chacune de ces épreuves, la
droite perdait quelques-uns de ses membres et la gauche les gagnait; l'équilibre menaçait de se rompre et les amis de la Restauration entrevoyaient, pour elle, un nouveau naufrage.

Un autre ministère se forma sous la présidence du duc de Richelieu avec la pensée de le prévenir, en modifiant la loi des élections.
On présenta donc, dans ce but, un projet de loi. M. de Serre, qui
continuait à faire partie de ce cabinet, accourut, pour le soutenir,
de Nice où il refaisait sa santé épuisée par l'excès de travail.
Jamais, dans aucune circonstance, il ne s'est élevé plus haut;
jamais il ne s'est montré plus habile et plus résolu. Le discours
par lequel il décida du sort du projet de loi est un des plus élo-
quents qu'il ait prononcés. La victoire lui resta, mais elle lui
coûta cher ; il s'était séparé de ses plus anciens amis. La rupture

n'avait pas éclaté à la tribune entre eux et lui, comme dans le Parlement anglais entre Burke et Fox, mais elle fut aussi profonde ; on se quitta sans se le dire, et l'on resta étrangers les uns aux autres.

Cette rupture fut un événement dans la vie de chacun des membres de ce groupe où brillaient des talents d'un ordre si élevé, soutenus par des âmes si nobles et des cœurs si généreux ; je ne sais s'ils l'ont regrettée, mais ce que je puis assurer, c'est qu'ils ne s'en sont jamais consolés. M. de Serre ne le cachait pas dans ses entretiens à Naples, ni M. de Broglie dans les siens à Paris. Un jour, M. Royer-Collard rappelait à la tribune une opinion de M. de Serre pour s'en appuyer ; il retint son nom sur ses lèvres pour ne pas se troubler en le prononçant.

Les lois de la presse ne devaient pas plus rester au-dessus des atteintes que la loi des élections : M. de Serre déposa un projet de loi pour y remplir quelques lacunes sans toucher au fond. La commission chargée de l'examiner en profita pour y faire un changement qui en dénatura l'esprit ; elle proposa de rendre le jugement des délits de la presse aux tribunaux ordinaires ; mais, fidèle à ses principes et redevenu simple député après la dissolution du ministère du duc de Richelieu, M. de Serre parla pour combattre cette proposition, et fit ses adieux à la tribune en y défendant l'institution libérale qu'il avait fait introduire dans notre législation criminelle [1].

La loi des élections, dont l'enfantement avait été si laborieux, ne tint pas tout ce que la droite s'en promettait ; dès la première épreuve elle lui donna bien une Chambre où elle dominait et qui se personnifiait dans M. de Villèle et M. Ravez ; mais à la dernière,

---

1. M. de Serre était malade ; il fit lire son discours à la tribune par son ami, M. Froc de la Boulaye.

elle amena une Chambre où la majorité retourna aux centres et qui eut, pour sa haute expression, M. Royer-Collard et M. de Martignac ; le pouvoir restait donc encore aux classes moyennes, et rien n'autorise à penser que, si la Providence eût conservé M. de Serre à la France, elles et lui ne se seraient pas entendus de nouveau pour la gouverner.

Il voulait, en quittant le ministère, aller reprendre sa place au barreau pour y travailler à la fortune de ses enfants ; le roi Louis XVIII, qu'il avait si loyalement servi et qui lui portait une grande affection, ne le voulut pas ; il lui donna l'ambassade de Naples.

Le vide de ses journées pesa à M. de Serre sous ce climat qui énerve souvent plus qu'il ne soutient les hommes qui sont nés sous le nôtre ; sa santé s'y épuisa rapidement, et il s'y éteignit au bout de quelques années ; le silence se fit bientôt sur sa tombe ; il répondit, hélas ! à l'oubli dans lequel l'ingratitude des contemporains laissa son nom parmi nous.

Du moins, l'histoire plus juste rendra, dans ses annales, témoignage des services que M. de Serre a rendus à son pays ; il vivra aussi dans la postérité par les œuvres qu'il lui a léguées. C'était un noble cœur, un caractère élevé et un puissant esprit. Appelé à diriger les affaires de sa patrie, il ne les a maniées qu'en s'inspirant de la plus haute vertu ; il y a apporté, avec le sentiment exact de son temps, de ses tendances et des besoins de notre société, une volonté forte, une loyauté parfaite et une intégrité qui n'a connu ni les hésitations, ni les faiblesses, ni les transactions. Ministre patriote, il a servi avec un égal dévouement le roi, qui lui avait donné sa confiance, et le pays qui lui avait accordé la sienne.

Voilà l'homme d'État, l'orateur le vaut. M. de Serre a été l'un des plus grands de son temps. Il n'avait pas fait de la parole un art ou un but, mais un moyen et un instrument. Il parle, non pour se faire entendre, mais pour agir. Un grand bonheur pour lui, c’est d’être venu à son heure et d’avoir trouvé le milieu accommodé à son propre caractère et à la nature de son talent.

Son éloquence, c’est lui-même. Il se met tout entier, raison, cœur et âme, dans tous les sujets qu’il traite à la tribune. Il n’est jamais pris au dépourvu, car il a étudié toutes les matières de gouvernement et médité sur tout. Il n’écrit rien, mais il peut sans danger s’abandonner au hasard de l’improvisation et braver l’imprévu. Maitre de lui-même et affranchi des chaines que lui aurait peut-être imposées une préparation arrêtée dans le cabinet, il prend la question comme elle se présente, mais il l’aborde toujours par le bon côté et la traite à fond. Puis il en donne la solution et, pour la faire prévaloir, il a à son service une dialectique vigoureuse, qui ne laisse ni un vide, ni une lacune dans le tissu serré d’une argumentation où chaque raison est à sa place et s’y présente avec toute sa force : sa pensée s’élève, ses vues s’étendent ; son âme s’émeut : mouvements, images, couleur, tout lui vient, chaque mot porte, et le succès de la lutte reste à cette mâle éloquence dont M. de Rémusat, qui avait entendu l’orateur dans ses grandes journées, disait qu’elle n’a jamais été égalée et n’a certainement pas été dépassée.

Le ministre de la justice, dans M. de Serre, ne fut pas inférieur à l’homme d’État et à l’orateur. Le premier président l’a annoncé, et ce qu’il était à la tête de la Cour impériale de Hambourg et de la Cour royale de Colmar, il le fut à la Chancellerie à Paris. Il envisageait de haut la mission qu’il tenait de son titre. Il faisait de la justice une religion et de sa distribution un sacerdoce· Aussi n’ouvrait-il ses sanctuaires qu’aux hommes qui apportaient avec eux, pour desservir ses autels, la pureté de la conscience, la connaissance intime de la loi et la ferme résolution de rendre à chacun son droit. Il a attaché son nom à des choix qui ont été l'honneur de la magistrature, et adressé, il y a plus de soixante ans, aux magistrats des parquets des instructions qui les guident encore, et qui sont marquées au coin d'un respect profond pour la liberté de l'homme et pour les droits de toute nature des justiciables comme de la société.

Rien, quand il s'agissait de la protection des personnes, ne pouvait le faire transiger avec le devoir. Les massacres politiques du Midi étaient restés trop longtemps impunis : il les flétrit de son indignation à la tribune et en prescrivit en même temps la poursuite.

M. de Serre possédait toutes les vertus qui font la vie et le bonheur de la famille. Il était pour son père, vieillard exact et sévère, le fils le plus soumis et le plus respectueux. Entre sa mère et lui c'était un continuel échange de tendresse et d'affection ; chez la mère l'amour n'avait été qu'un long dévouement. Rien ne l'arrêtait lorsqu'il s'agissait de ses enfants. Elle aurait bravé tous les périls pour servir les intérêts de celui de ses fils qui vivait sur la terre étrangère. Quant à lui, il professait pour sa mère un véritable culte, celui de la piété filiale dans toute sa pureté. Dès son plus jeune âge, il avait fait de cette femme excellente la confidente de toutes ses pensées et son conseiller intime. Dans son âge mûr, même lorsqu'il était arrivé au pouvoir, elle était restée pour lui l'une et l'autre. Combien nous trouvons, dans sa correspondance, de témoignages de cette intimité sans réserve ! Avec quel touchant et naturel abandon il raconte, dans une lettre à sa mère, qu'il a pleuré comme un enfant, en apprenant la mort de la femme qui l'a nourri et élevé ! Avec quel souci il s'empresse d'ajouter qu'il a écrit, pour le consoler, un petit mot au mari de la pauvre femme, à ce brave et honnête Gilbert, que la Providence avait placé autrefois en sentinelle pour ouvrir au jeune émigré la porte secrète du manoir de famille !

Tel fut, dans la vie publique et dans la vie privée, l'homme illustre dont la mémoire réclame depuis si longtemps une réparation ; mais nous n'avons pas seuls le mérite ni la satisfaction de l'avoir commencée.

Le barreau de la Cour de Metz, dont M. de Serre avait été l'honneur, ne l'oublia point; il décida que sa conférence en consacrerait le souvenir par un éloge, et, sous la présidence de l'honorable M. Alfred de Faultrier, son bâtonnier, l'Ordre des avocats entendit le talent louer l'orateur et l'homme d'État qui avait jeté sur lui un si grand lustre. Plus tard, la Cour de Colmar l'entendit aussi, par un organe qui lui appartenait, glorifier la mémoire du chef illustre qu'elle devait, hélas ! suivre un jour dans l'histoire.

Mais il y a près de cinquante ans qu'ici même, l'éloquence, inspirée par une noble et généreuse admiration, y a mis la main. A quelques pas de nous, dans une maison modeste qui aura aussi, un jour, sa renommée, la maison de Socrate et d'Horace, ouverte à l'amitié, aux lettres et à la philosophie, un homme qui a honoré de toutes les façons un nom qu'une double illustration recommande à la postérité, a écrit sur M. de Serre, pour la Cour de Nancy et pour en faire, sans s'en douter, l'ornement principal d'une de ses solennités, deux pages où il a mis son cœur et sa haute raison. Il retrace d'une main ferme et émue le tableau de sa vie politique ; en honorant la mémoire de l'homme d'État qui a personnifié en lui le gouvernement représentatif et l'éloquence de la tribune, il le venge de l'ingratitude des contemporains et le relève avec éclat de l'oubli de la postérité [1].

---

1. C'était déjà, sans doute, dans cette maison qu'il avait, quelques années auparavant, écrit des adieux si touchants, pour les adresser, du sein d'une solennité pareille, à M. Bresson, qu'une haute destinée conduisait des rangs de la Cour de Nancy à la tête du Parquet de celle de Metz. On nous per-

Nous continuons aujourd'hui, avec l'actif et dévoué concours de l'autorité municipale, l'œuvre patriotique et pieuse de M. Fabvier, et nous venons décorer le berceau du comte de Serre de son image, en attendant que Naples rende ses cendres à la France, et que la patrie reconnaissante élève à l'orateur et à l'homme d'État un monument digne de lui.

Quant à celui-ci, il nous appartient, sans doute, à nous tous, qui nous sommes réunis pour l'élever ; mais il appartient aussi, comme le cœur, l'âme et la gloire du comte de Serre, à l'heureuse commune de Pagny et à chacun de ces habitants, dont cet homme de bien illustre a aimé et chéri les pères. Nous le confions à la garde fidèle de tous comme leur bien et le nôtre.

---

mettra de rappeler ici ces adieux et de rapprocher ainsi les noms des trois gloires du barreau lorrain, de Serre, de Bresson et de Fabvier.

« Mais puis-je m'arrêter à ces graves sujets, sans que chaque mot réveille « le souvenir de celui de vos collègues que vos yeux ne retrouvent plus sur « ces sièges, où sa place encore inoccupée semble rendre son image plus pré-« sente et plus vive ? Quel adieu, quel tribut d'affection et de haute estime « lui adresser qui ne soit devancé par la voix universelle de cette cité ? Où « trouverai-je, moi, le langage qui exprime dignement l'admirable accord d'un « talent si élevé et si pur, et d'un caractère aussi pur et aussi élevé que le « talent. Allez, Bresson, allez, orateur, magistrat, homme en tout excellent ; « nos regrets et nos vœux vous suivent : mais votre nom nous demeure ici, « patrimoine d'illustration que se partagent, à l'envi, cette magistrature et ce « barreau. »

Nancy, imprimerie Berger-Levrault et Cie.

9 782329 275802